SEMBRADOS
EN BUENA TIERRA

EDIFICANDO UN HOGAR

FELIZ

HERIBERTO Y ELSA HERMOSILLO

 Vida ®

SEMBRADOS EN BUENA TIERRA - Edificando un hogar feliz
Publicado por Editorial Vida — 2007
Miami, Florida

© 2006 Heriberto y Elsa Hermosillo

Edición: *Mariángeles Duo*
Diseño interior: *Good Idea Productions, Inc.*
Diseño de cubierta: *Carlos González*
Adaptación: *Cathy Spee*
Diseño gráfico: *Rodrigo Galindo Breton*
Producción de audio y video: *Francisco Alonso*
Coordinadora de producción: *Mariana Díaz González*

Guía del líder
ISBN - 10: 0-8297-5238-2
ISBN - 13: 978-0-8297-5238-0

Guía del participante
ISBN - 10: 0-8297-5306-0
ISBN – 13: 978-0-8297-5306-6

Categoría: Vida cristiana / Devocional

Impreso en Estados Unidos de América
Printed in the United States of America

07 08 09 10 ❖ 6 5 4 3 2 1

SEMBRADOS
EN BUENA TIERRA

A todos los *semillosos* que tuvieron la paciencia de esperar a que el Señor concretara su proyecto, nuestro más sincero agradecimiento y deseo de que este material sirva para la edificación de sus vidas y las de muchos más.

Heriberto y Elsa Hermosillo

Semilla
de Mostaza

Introducción

Les damos la más cordial bienvenida a nuestra serie:
Edificando un hogar feliz

Estamos seguros que el Señor habrá de hacer una obra maravillosa en la vida de todas las familias que apliquen los principios que el Señor nos ha dejado en su palabra, para edificar un matrimonio sólido, dirigir a nuestros hijos y honrar a nuestros padres. Oramos que a través de su Espíritu, vivifique cada sección de esta serie y traiga libertad y esperanza a su familia.

Con amor, Heriberto y Elsa Hermosillo

Índice

Nuestro origen: Descubriendo nuestra identidad 1

Uno de los problemas más graves que nuestra sociedad tiene en nuestros días, radica en que el hombre ha perdido su identidad y por consecuencia las funciones que le permiten cumplir con su verdadero propósito.

El ser humano no sabe de dónde viene, ni a dónde va, y se encuentra en la vida siguiendo patrones cambiantes que lo llevan a tomar malas decisiones.

Pero Dios no nos ha dejado a la deriva, él planeó su creación en cada detalle y nos ha dejado un manual en el cual podemos descubrir la respuesta a estos interrogantes, encontrando el camino que nos lleve de regreso a nuestro origen recuperando así, nuestra identidad.

Porque al igual que los peces no pueden sobrevivir fuera del agua, ni el árbol fuera de la tierra, también el hombre necesita regresar a su origen para poder cumplir el propósito para el cual fue creado.

Analicemos los siguientes pasajes:

Génesis 1:11
Como podemos ver aquí, Dios creó las plantas a partir de la tierra.
El origen de las plantas está en la tierra.

Génesis 1:20
Dios ordena a las aguas que produzcan todo ser viviente y aves que vuelen sobre la tierra.

Génesis 1:26 y 27
En la cúspide de su creación, Dios creó al ser humano a su imagen y semejanza.
Sin embargo esa imagen se corrompió por el pecado, cuando el ser humano buscó ser independiente de Dios e identificarse con las cosas creadas en lugar de identificarse con aquel que las creó. El resultado de haber perdido nuestra imagen, es un mundo lleno de ira, contienda, disensión, etc.

Para poder restaurar la imagen de Dios en nuestras vidas, el Señor nos invita a quitarnos el ropaje que está corrompido por los deseos engañosos, y a ponernos el ropaje de la nueva naturaleza creada a imagen de Dios en verdadera justicia y santidad.

Ahora bien, ¿cuál es la manera práctica de quitarnos el ropaje de la «vieja naturaleza»?
En Efesios 4:22-24 y Colosenses 3:9-13 la palabra de Dios nos anima a desechar la mentira, nos recuerda que es válido enojarse eventualmente, pero no podemos permitir que el enojo nos lleve a hacer cosas indebidas. Nos alerta a evitar dar oportunidad a que el enemigo tome ocasión de nuestras debilidades para hacernos caer. Al que robaba, le dice que no lo haga más,

Génesis 1:11
11 Después dijo Dios: Produzca la tierra hierba verde, hierba que dé semilla; árbol de fruto que dé fruto según su género, que su semilla esté en él, sobre la tierra. Y fue así.

Génesis 1:20
20 Dijo Dios: Produzcan las aguas seres vivientes, y aves que vuelen sobre la tierra, en la abierta expansión de los cielos.

Génesis 1: 26-27
26 Entonces dijo Dios: Hagamos al hombre a nuestra imagen, conforme a nuestra semejanza; y señoree en los peces del mar, en las aves de los cielos, en las bestias, en toda la tierra, y en todo animal que se arrastra sobre la tierra.
27 Y creó Dios al hombre a su imagen, a imagen de Dios lo creó; varón y hembra los creó.

Efesios 4:22-24
22 En cuanto a la pasada manera de vivir, despojaos del viejo hombre, que está viciado conforme a los deseos engañosos,
23 y renovaos en el espíritu de vuestra mente,
24 y vestíos del nuevo hombre, creado según Dios en la justicia y santidad de la verdad.

Colosenses 3: 9-13
9 No mintáis los unos a los otros, habiéndoos despojado del viejo hombre con sus hechos,

Continua en la página siguiente

10 y revestido del nuevo, el cual conforme a la imagen del que lo creó se va renovando hasta el conocimiento pleno, **11** donde no hay griego ni judío, circuncisión ni incircuncisión, bárbaro ni escita, siervo ni libre, sino que Cristo es el todo, y en todos. **12** Vestíos, pues, como escogidos de Dios, santos y amados, de entrañable misericordia, de benignidad, de humildad, de mansedumbre, de paciencia; **13** soportándoos unos a otros, y perdonándoos unos a otros si alguno tuviere queja contra otro. De la manera que Cristo os perdonó, así también hacedlo vosotros.

sino trabaje para tener que compartir con el que padece necesidad. Si antes nuestro vocabulario estaba plagado de malas palabras, ahora debemos hablar para traer edificación a los oyentes. El Señor nos pide que no entristezcamos al Espíritu Santo, y que quitemos toda amargura, enojo, ira, gritería, malas palabras, y malicia entre otras cosas.

De la misma manera en que tenemos que ocuparnos de quitarnos el ropaje de la *«vieja naturaleza»*, también tenemos que ocuparnos de ponernos el ropaje de la *nueva naturaleza*, creada a imagen de Dios, en verdadera justicia y santidad. Necesitamos permitirle a Dios renovar nuestra mente y reconstruir su imagen en nuestras vidas a través de su palabra, el Espíritu Santo y el cuerpo de Cristo.

¿Y cómo es la imagen de Dios? La palabra nos dice que es una imagen llena de amor, alegría, paz, paciencia, amabilidad, bondad, fidelidad, humildad y dominio propio. Una imagen de verdad, misericordia, y perdón, que una vez que se forme en nosotros, llevará gloria y alabanza a su nombre. Necesitamos regresar a nuestro origen, a Dios.

Versículo a memorizar:
«Y vestíos del nuevo hombre creado según Dios en la justicia y santidad de la verdad».
Efesios 4:24

Preguntas para discusión:

1. ¿Cuál es el origen del hombre?
_____
_____

2. ¿Qué beneficios trae el regresar a nuestro origen?
_____
_____

3. Cita algunos ejemplos de cómo es la imagen de Dios según Efesios 4:22 y Colosenses 3:9-13
_____
_____
_____

Notas

2 Nuestro propósito: Descubriendo nuestro propósito

Génesis 1:27-28
27 Y creó Dios al hombre a su imagen, a imagen de Dios lo creó; varón y hembra los creó. **28** Y los bendijo Dios, y les dijo: Fructificad y multiplicaos; llenad la tierra, y sojuzgadla, y señoread en los peces del mar, en las aves de los cielos, y en todas las bestias que se mueven sobre la tierra.

Gálatas 5:22-23
22 Mas el fruto del Espíritu es amor, gozo, paz, paciencia, benignidad, bondad, fe, **23** mansedumbre, templanza; contra tales cosas no hay ley.

Colosenses 3:12-13
12 Vestíos, pues, como escogidos de Dios, santos y amados, de entrañable misericordia, de benignidad, de humildad, de mansedumbre, de paciencia; **13** soportándoos unos a otros, y perdonándoos unos a otros si alguno tuviere queja contra otro. De la manera que Cristo os perdonó, así también hacedlo vosotros.

Hebreos 10:19-22
19 Así que, hermanos, teniendo libertad para entrar en el Lugar Santísimo por la sangre de Jesucristo, **20** por el camino nuevo y vivo que él nos abrió a través del velo, esto es, de su carne, **21** y teniendo un gran sacerdote sobre la casa de Dios, **22** acerquémonos con

Continua en la página siguiente

Ya que hemos conocido cuál es nuestro origen, descubramos ahora cuál es el propósito por el cual fuimos creados en Génesis 1:27 y 28:

Reflejar su imagen:

«Y creó Dios al hombre a su imagen, a imagen de Dios lo creó; varón y hembra los creó». *Génesis 1:27*

Dios quiere restaurar su imagen en nosotros, esa imagen que el pecado destruyó. Solo recibiendo el perdón de nuestras culpas, a través del sacrificio de Jesucristo en nuestro lugar y restaurando nuestras mentes con su palabra, podemos ser hechos nuevas criaturas, que reflejen su imagen.

Fructificar

«Y los bendijo Dios, y les dijo : Fructificad y multiplicaos» *Génesis 1:28ª*

Dios quiere que nuestras vidas sean fértiles, que crezcan y se multipliquen, no solo en el terreno físico, sino en el terreno espiritual, de manera que sea evidente en nuestras vidas, el beneficio de su presencia.

¿Cuál es el fruto que Dios espera como resultado de volvernos a él?

El fruto de su Espíritu que es: Amor, alegría, paz, paciencia, amabilidad, bondad, fidelidad, humildad y dominio propio (*Gálatas 5:22 y 23*).

Él quiere que nos revistamos como escogidos de Dios, santos y amados, de afecto entrañable y de bondad, humildad y paciencia de modo que nos toleremos unos a otros y nos perdonemos, como él nos ha perdonado. (*Colosenses 3:12 y 13*)

Multiplicarnos

Una vez que nuestra vida refleja el fruto de su imagen, es cuando se lleva a cabo el milagro de la multiplicación (*Génesis 1:28*). Esta multiplicación no es solo en lo físico, sino, principalmente en lo espiritual, es decir, una vez que el fruto de su Espíritu es evidente en nosotros, entonces nuestras vidas se vuelven luz en las tinieblas, y sirven para que otros vengan al conocimiento de su nombre. La multiplicación se debe llevar a cabo no solo en nuestras familias, sino alcanzar la vida de las personas que se encuentren alrededor nuestro. Ahora bien, cuando Dios dice *«los bendijo»*, quiere decir que los capacitó para llevar a cabo un propósito, el propósito fue *«sean fructíferos y multiplíquense»*. Dios nunca nos pedirá llevar a cabo algo, para lo cual no nos ha capacitado.

¿Cuáles son los recursos que él nos ha dejado para poder llevar a cabo su propósito de ser fructíferos y multiplicarnos?

Dios nos ha dado <u>dos grandes recursos</u> para poder llevar a cabo este maravilloso plan:

12   SEMBRADOS EN BUENA TIERRA • SEMILLA DE MOSTAZA

1. Nuestra relación individual con Dios

Con respecto a nuestra relación con Dios, en la que ahora a través de Jesucristo podemos entrar de una manera cotidiana y privilegiada, necesitamos desarrollarla diariamente en oración y lectura de la palabra, para que Dios nos hable personalmente y podamos descubrir y apropiarnos de las preciosas promesas de bendición que nos ha dejado en su palabra. Gracias a la sangre de Cristo, ahora podemos acercarnos a Dios con libertad, cada vez que lo necesitemos (*Hebreos 10:19-22*). Así mismo el día de reposo (*Gn 2:2-3, Éx.20:8*) complementa nuestra relación individual con Dios ya que nos permite gozarnos con el cuerpo de Cristo (*Heb 10:25*) en adoración para que su imagen se siga formando en nosotros.

2. Relación familiar

Cuando Dios creó al hombre, vió que no era bueno que el hombre estuviera solo, y le hizo una ayuda adecuada: la mujer (*Gn 2:18*).
Así se inició el matrimonio, la institución divina creada por Dios para conocerle y reflejarle. Dios escogió hacer semejante la relación de Cristo y la iglesia, a la relación matrimonial, él llama a la iglesia, la esposa de Cristo.

¿Qué características tiene la ayuda adecuada?
- *Gn 2:19 y 20*: De su misma especie.
- *Gn 2:21-22*: La hizo de la costilla del hombre, cerca del corazón para ser amada y protegida. No de la cabeza para que no se enseñoree del hombre, no de los pies, para que el hombre no la pisotee. Como complemento para llevar a cabo el propósito de Dios.
- *Gn 2:22:* Dios se la presenta al hombre. Necesitamos esperar la provisión de Dios, porque esta no añade tristeza.
- *Gen 2: 23:* El género humano está compuesto de dos elementos: hombre y mujer.

En la relación matrimonial el papel del hombre y de la mujer es especial e insustituible, y es usado para formarnos a la imagen de nuestro creador, y llevar a cabo el propósito de fructificar y multiplicarnos. A través de la relación familiar establecemos un vínculo eterno con los miembros de nuestra familia, lo cual nos da la oportunidad de orar unos por otros, edificarnos, apoyarnos para superar nuestras áreas débiles, compartir sueños y metas que nos lleven a glorificar a Dios en nuestras vidas.

> **Versículo a memorizar:**
> «Y dijo Jehová Dios: No es bueno que el hombre esté solo, le haré ayuda idónea para él». *Génesis 2:18*

Preguntas para discusión:

1. ¿Cuáles son los dos recursos que Dios nos dio para que pudiéramos llevar a cabo el propósito por el cual fuimos creados?

2. Menciona algunas de las características de la ayuda adecuada que Dios proveyó al hombre según Génesis 2:18-26.

3. Menciona algunas características de Dios que deben manifestarse ahora que él reina en nuestras vidas, según Colosenses 3:12-13 y Gálatas 5:22-23.

---

corazón sincero, en plena certidumbre de fe, purificados los corazones de mala conciencia, y lavados los cuerpos con agua pura.

Génesis 2:2-3
2 Y acabó Dios en el día séptimo la obra que hizo; y reposó el día séptimo de toda la obra que hizo. 3 Y bendijo Dios al día séptimo, y lo santificó, porque en él reposó de toda la obra que había hecho en la creación

Éxodo 20:8 (RVR 1960)
8 Acuérdate del día de reposo para santificarlo.

Hebreos 10:25
25 no dejando de congregarnos, como algunos tienen por costumbre, sino exhortándonos; y tanto más, cuanto veis que aquel día se acerca.

Notas

....

....

....

....

....

....

....

....

....

....

....

....

....

....

....

....

....

....

Nuestro pacto: Dejar, unir y ser

3

La palabra divorcio es un concepto que se va volviendo cada día más común en nuestra sociedad. El problema estriba en que contraemos matrimonio sin entender que no se trata de un contrato que firmamos ante los hombres, sino de un <u>pacto</u> en el que <u>entramos voluntariamente</u> con nuestro cónyuge y con Dios.

La palabra hebrea *«beryth»* (pacto) significa *«alianza»*.
En el matrimonio, establecemos una alianza con nuestra pareja, para cumplir un propósito.
En muchas ocasiones en el Antiguo Testamento, la palabra pacto, va acompañada de la palabra hebrea «karath» que significa «cortar», es decir, para hacer un pacto, primero tenemos que hacer cortes. Uno de los ejemplos gráficos a este respecto se encuentra en Génesis 15:7-10, 18. En este pasaje, vemos el corte de los animales, como señal del pacto o alianza.

En Génesis 12:1-3 podemos observar la alianza que Dios estableció con Abraham, la cual también implicó cortes. Dios le dijo a Abraham :

1. Deja tu tierra
2. Tus parientes
3. Y la casa de tu padre

Si Abraham obedecía, Dios haría de él una nación grande, le bendeciría, engrandecería su nombre y sería de bendición para todas las familias de la tierra. Enfoquémonos ahora a entender cómo se establece el pacto matrimonial y cuáles son los cortes a los que nos llama Dios cuando entramos en esta alianza. En Génesis 2:24 Dios nos dice que, ya que tenemos como propósito formar su imagen en nuestras vidas y las de nuestros hijos, debe darse el siguiente proceso de tres partes como base para el pacto matrimonial:

1. *Deja padre y madre*
Necesitamos cortar los lazos de dependencia financiera y emocional con nuestros padres, y establecer nuevos lazos de honra y agradecimiento. El matrimonio es una relación de dos personas y Dios.

2. *Se une a su mujer*
Necesitamos trabajar por nuestro matrimonio, buscando tiempos de comunión y comunicación que unifiquen nuestros criterios, dándole curso y dirección a nuestra relación, para poder cumplir el propósito de Dios en nuestras vidas.

3. *Se funden en un solo ser*
Cuando se han dado las otras dos etapas, podemos ser uno, en todas las áreas, en lo familiar, en lo financiero, en la educación de nuestros hijos, en los alcances y sueños de

Génesis 15:7-10,18
7 Y le dijo: Yo soy Jehová, que te saqué de Ur de los caldeos, para darte a heredar esta tierra.
8 Y él respondió: Señor Jehová, ¿en qué conoceré que la he de heredar?
9 Y le dijo: Tráeme una becerra de tres años, y una cabra de tres años, y un carnero de tres años, una tórtola también, y un palomino.
10 Y tomó él todo esto, y los partió por la mitad, y puso cada mitad una enfrente de la otra; mas no partió las aves.

18 En aquel día hizo Jehová un pacto con Abram, diciendo: A tu descendencia daré esta tierra, desde el río de Egipto hasta el río grande, el río Eufrates;

Génesis 12:1-3
1 Pero Jehová había dicho a Abram: Vete de tu tierra y de tu parentela, y de la casa de tu padre, a la tierra que te mostraré.
2 Y haré de ti una nación grande, y te bendeciré, y engrandeceré tu nombre, y serás bendición.
3 Bendeciré a los que te bendijeren, y a los que te maldijeren maldeciré; y serán benditas en ti todas las familias de la tierra.

Génesis 2:24

24 Por tanto, dejará el hombre a su padre y a su madre, y se unirá a su mujer, y serán una sola carne.

Eclesiastés 4:9-12

9 Mejores son dos que uno; porque tienen mejor paga de su trabajo. **10** Porque si cayeren, el uno levantará a su compañero; pero ¡¡ay del solo! que cuando cayere, no habrá segundo que lo levante. **11** También si dos durmieren juntos, se calentarán mutuamente; mas ¿cómo se calentará uno solo? **12** Y si alguno prevaleciere contra uno, dos le resistirán; y cordón de tres dobleces no se rompe pronto.

1 Corintios 7:3-5

3 El marido cumpla con la mujer el deber conyugal, y asimismo la mujer con el marido. **4** La mujer no tiene potestad sobre su propio cuerpo, sino el marido; ni tampoco tiene el marido potestad sobre su propio cuerpo, sino la mujer. **5** No os neguéis el uno al otro, a no ser por algún tiempo de mutuo consentimiento, para ocuparos sosegadamente en la oración; y volved a juntaros en uno, para que no os tiente Satanás a causa de vuestra incontinencia.

nuestra vida, en todas las áreas podemos conquistar y ser una sola carne. El lograr que Dios sea la autoridad máxima en nuestro matrimonio, nos dará la seguridad de que los vientos y las tempestades de la vida, no destruyan nuestro hogar.

En *Eclesiastés 4:9-12* podemos encontrar cinco principios adicionales para el establecimiento del pacto matrimonial:

1. Más valen dos que uno, porque obtienen más fruto de su esfuerzo. Esta es una verdad que a veces al paso de los años olvidamos, y hacemos alianza con otras personas, en vez del cónyuge, sufriendo grandes pérdidas. Mi cónyuge es mi aliado, necesito hacerlo parte de mis sueños, mis metas y mis ilusiones. Unidos, podremos alcanzar metas más altas y mejores que cada uno por su lado.

2. Si caen, el uno levanta al otro. Cuando cae mi cónyuge, yo caigo con él, mis fuerzas se ven diezmadas también. Una de las labores más importantes del cónyuge es la de levantar y restaurar a su compañero en los tiempos difíciles, nunca aplastarlo. Hay que ponerle el hombro, darle la mano, darle ánimo, para que juntos salgan adelante. Asimismo, si tu pareja tiene una debilidad en algún área, debes usar tu fortaleza, para ayudarlo a superar esta debilidad, no para aplastarlo, criticarlo o menospreciarlo. El amor no es jactancioso, el amor cubre todas las faltas (*Pr 10:12*).

3. Si dos se acuestan juntos, entrarán en calor; uno solo ¿Cómo va a calentarse? El entender que nos pertenecemos mutuamente y Dios ha dado potestad a uno, sobre el cuerpo del otro, nos ayudará a interceder con poder en los tiempos de enfermedad, y a gozar de la bendición de la intimidad conyugal, *(1 Co 7:3-5)*.

4. Uno solo puede ser vencido, pero dos pueden resistir. Hemos hecho una alianza, cualquier enemigo de el (ella), es mi enemigo. No hay ninguna persona por encima de mi esposo (a). Quién atenta en contra de mi esposo(a), atenta en contra mía. Yo debo proteger a mi cónyuge por encima de cualquier persona, aun mis familiares mas cercanos (*Is 54:15*). El resistir juntos a quienes atentan en contra de la paz y la unidad familiar, fortalece los lazos matrimoniales.

5. ¡La cuerda de tres hilo no se rompe fácilmente!. Teniendo como aliado al Señor, siendo ese tercer doblez que una nuestro matrimonio y estando nuestra casa edificada sobre la roca, aunque descienda la lluvia y soplen los vientos y golpeen contra nuestra casa, esta no caerá (*Mt 7:24*). Si ponemos por obra sus principios seremos sabios y nuestra casa estará edificada en lugar seguro.

Versículo a memorizar:
«Por tanto, dejará el hombre a su padre y a su madre, y se unirá a su mujer, y serán una sola carne». *Génesis 2:24*

Preguntas para discusión:

1. Según Génesis 2:24 ¿cuáles son las tres condiciones básicas para entrar en un pacto o alianza matrimonial?

_____

2. Según Eclesiastés 4:12, ¿por cuántas partes debe estar acordonado el pacto matrimonial y cuáles son?

_____

3. ¿Cuáles son los cinco principios que enseña Eclesiastés 4:9-12 para el matrimonio?

_____

Notas

....

....

....

....

....

....

....

....

....

....

....

....

....

....

....

....

....

....

4 Nuestras prioridades: Identificando el orden de Dios

Lucas 14:26-33
26 Si alguno viene a mí, y no aborrece a su padre, y madre, y mujer, e hijos, y hermanos, y hermanas, y aun también su propia vida, no puede ser mi discípulo.
27 Y el que no lleva su cruz y viene en pos de mí, no puede ser mi discípulo.
28 Porque ¿quién de vosotros, queriendo edificar una torre, no se sienta primero y calcula los gastos, a ver si tiene lo que necesita para acabarla?
29 No sea que después que haya puesto el cimiento, y no pueda acabarla, todos los que lo vean comiencen a hacer burla de él,
30 diciendo: Este hombre comenzó a edificar, y no pudo acabar.
31 ¿O qué rey, al marchar a la guerra contra otro rey, no se sienta primero y considera si puede hacer frente con diez mil al que viene contra él con veinte mil?
32 Y si no puede, cuando el otro está todavía lejos, le envía una embajada y le pide condiciones de paz.
33 Así, pues, cualquiera de vosotros que no renuncia a todo lo que posee, no puede ser mi discípulo.

Efesios 5:23-31
23 porque el marido es cabeza de la mujer, así como Cristo es cabeza de la iglesia, la cual es su cuerpo, y él es su Salvador.
24 Así que, como la iglesia está sujeta a Cristo, así también las casadas lo estén a sus maridos en todo.
25 Maridos, amad a vuestras

Continua en la página siguiente

Una de las enseñanzas prácticas mas útiles para nuestra vida diaria, consiste en poner en orden nuestras prioridades en base al diseño de Dios. Si queremos ser un reflejo de su imagen, necesitamos pedir sabiduría de lo alto para identificar nuestras prioridades.

La Biblia destaca fundamentalmente cuatro prioridades:

Prioridad 1: Mi comunión con Dios (Lc 14:26-33)
La comunión personal con Dios se lleva a cabo a través de tres áreas:

a. Oración
Necesito apartar tiempo para orar y escuchar la voz de Dios, así como pedirle perdón cuando he fallado. Mis oraciones tienen que enfocarse a que su imagen se forme en mi vida, su reino y su voluntad se establezcan en mí y a través de mí.

b. Conociendo a Dios a través de su palabra
En Jn 17:3 Jesús dijo: «Y ésta es la vida eterna: que te conozcan a ti, el único Dios verdadero, y a Jesucristo, a quien tú has enviado». Necesito tomar tiempo, para conocer a Dios y a Jesucristo, a través de su palabra, disponiéndome para ponerla por obra.

c. Congregándome con el cuerpo de Cristo
Por último, no debo olvidarme que el Señor me ha hecho parte del cuerpo de Cristo, y él completa su propósito para nuestras vidas en la comunión con nuestros hermanos.

Ahora bien, no estamos hablando de actividades sociales de la mano de mis hermanos cristianos, sino de aquello que produce en nosotros el *«querer como el hacer para que se cumpla su buena voluntad» (Fil 2:13)*. Necesito estar integrado, *«sembrado»* al cuerpo de Cristo, conocer la visión de mi iglesia, y caminar con ella. Un verdadero hijo de Dios, es decir una persona verdaderamente cristiana, necesita saber que él no <u>va</u> a la iglesia, sino que él <u>es</u> la iglesia o cuerpo de Cristo.

Mi tiempo diario en dependencia de él, es la parte más importante de mi agenda en el día. En *Lucas 14:26-33* el Señor nos dá una palabra muy fuerte, y nos dice que si queremos venir a él, necesitamos «sacrificar» es decir, <u>amar menos</u>, cualquier otra relación antes que la relación con él. Asimismo nos dice que necesitamos *«tomar nuestra cruz y seguirle»*, pero ¿qué significa esto? Significa que tenemos que estar dispuestos a morir a nosotros mismos, en cualquier área que él nos lo pida, para que su proyecto en nosotros se lleve a cabo.
Ya no son *«nuestros sueños»* los importantes, sino los sueños de nuestro Señor para con nosotros, los que debemos desear. **«Y ya no vivo yo, mas vive Cristo en mi, y lo que ahora vivo en la carne, lo vivo en la fé del Hijo de Dios, el cual me amó y se entregó a sí mismo por mi».** *Gálatas 2:20*

Cuando recibimos el perdón de nuestros pecados, también recibimos el señorío de Dios sobre nuestras vidas, él es nuestro Salvador y Señor.

Prioridad 2: Mi tiempo de comunión conyugal *(Ef 5:23-31, 1 Co 11:7)*

Dios nos muestra en su palabra que necesitamos tener tiempo de comunicación y compañerismo con nuestra pareja, con el fin de mantener una relación saludable. Este tiempo es en oración el uno por el otro y en el compartir su palabra, con el fin de que el Señor vaya moldeando su imagen en nuestras vidas. La herramienta que el Señor le da al varón para purificar a su esposa, es la palabra de Dios. El varón es el escultor de la mujer que desea tener, y su cincel es la palabra, la mujer es el reflejo del varón.

Prioridad 3: Los hijos *(Sal 127:3-5)*

La herencia más hermosa y provechosa que podemos recibir de parte de Dios y de la cual somos responsables de entregar cuentas algún día, son nuestros hijos. La palabra de Dios nos dice que son *«una recompensa»* y que necesitan ser guiados como *«flechas en las manos del guerrero»*. Nuestra responsabilidad como padres es darles dirección, ser modelo, haciendo los cortes necesarios para que haya coherencia entre lo que decimos y lo que hacemos. Y sobre todas las cosas que podamos ofrecerles en este mundo: el instruirlos en la palabra, en casa, y a través de nuestro ejemplo, logrará que no seamos avergonzados cuando nuestros hijos crezcan y permitirá continuar con la labor de establecer el reino de Dios en sus vidas.

Prioridad 4: El trabajo *(2 Ts. 3:10-12, Ef 4:28)*

El trabajo no es el fin de nuestra vida, y no debemos buscar en él nuestro contentamiento. El trabajo es una de las herramientas que Dios nos da para alcanzar su propósito, y a través del cual provee para las necesidades de nuestra familia. Asimismo, el trabajo me da la oportunidad de manifestar la imagen generosa de mi Padre y un excelente medio que Dios usa para que seamos una luz que alumbre en lugar oscuro.

Versículo a memorizar:
«Si Jehová no edificare la casa, en vano trabajan los que la edifican; si Jehová no guardare la ciudad, en vano vela la guardia. Por demás es que os levantéis de madrugada y vayáis tarde a reposar, y que comáis pan de dolores; pues que a su amado dará Dios el sueño. He aquí, herencia de Jehová son los hijos; cosa de estima el fruto del vientre. Como saetas en mano del valiente, así son los hijos habidos en la juventud. Bienaventurado el hombre que llenó su aljaba de ellos; no será avergonzado cuando hablare con los enemigos en la puerta». *Salmos 127*

Preguntas para discusión:

1. Según Salmos 127:1, ¿por qué es importante poner a Dios como nuestra prioridad número uno?

_____

2. Según Efesios 5:23,25-33, ¿cuál es el modelo del esposo dentro del matrimonio?

_____

3. Según Efesios 5:24,21,31-33, ¿cuál es el modelo de la esposa en el matrimonio?

_____

mujeres, así como Cristo mó a la iglesia, y se entregó a sí mismo por ella,
26 para santificarla, habiéndola purificado en el lavamiento del agua por la palabra,
27 a fin de presentársela a sí mismo, una iglesia gloriosa, que no tuviese mancha ni arruga ni cosa semejante, sino que fuese santa y sin mancha.
28 Así también los maridos deben amar a sus mujeres como a sus mismos cuerpos. El que ama a su mujer, a sí mismo se ama.
29 Porque nadie aborreció jamás a su propia carne, sino que la sustenta y la cuida, como también Cristo a la iglesia,
30 porque somos miembros de su cuerpo, de su carne y de sus huesos.
31 Por esto dejará el hombre a su padre y a su madre, y se unirá a su mujer, y los dos serán una sola carne.

Salmos 127:3-5
3 He aquí, herencia de Jehová son los hijos; Cosa de estima el fruto del vientre.
4 Como saetas en mano del valiente, Así son los hijos habidos en la juventud.
5 Bienaventurado el hombre que llenó su aljaba de ellos; No será avergonzado Cuando hablare con los enemigos en la puerta.

Notas

....

....

....

....

....

....

....

....

....

....

....

....

....

....

....

....

....

....

Nuestros fundamentos:
Bases para nuestra relación

5

Hemos aprendido que Dios quiere formar su imagen en nosotros a fin de cumplir con el propósito de dar fruto y multiplicarnos en la vida de los demás; y que nuestro cónyuge es el complemento perfecto para que esto se lleve a cabo. Hemos entendido también que el matrimonio es un pacto, es decir, una alianza que implica dejar cualquier cosa que estorbe el que dos se conviertan en uno y pueda establecerse el reino de Dios en nuestras vidas. Estamos listos ahora para conocer tres fundamentos indispensables para edificar una sólida relación matrimonial:

Fundamento 1: El pacto matrimonial es indivisible *(Mt 19:3-9)*

En *Mateo 19:3*, los fariseos una vez más quisieron tentar a Jesús, poniéndole entre dos corrientes de interpretación con respecto a la ley. La corriente tradicional (según Shammai), aceptaba la posibilidad de divorcio por causa de adulterio o falta de castidad. La corriente liberal (según Hillel) enfatizaba las palabras «si no le agradare» y permitía el divorcio por cualquier cosa que desagradara al esposo, como por ejemplo, que no le gustara la comida, o alguna otra cuestión de carácter, etc. *(Dt 24:1)*
Los fariseos sabían que esto pondría a Jesús en una situación difícil, ya que si optaba por la corriente de interpretación tradicional, no sería, según su perspectiva, coherente a su amistad con los pecadores, y si tomaba la liberal, ¿dónde quedaría su autoridad moral?
Pero en *Mateo 19:4-6* Jesús se enfoca al principio fundamental de la enseñanza y les contesta, *«¿No han leído?»*, *«...ya no son dos, sino uno solo. Por tanto, lo que Dios ha unido que no lo separe el hombre»*. Casarse es como unir dos hojas de papel con un fuerte adhesivo. Si tratamos de separarlas, ambas se rompen. Las consecuencias de repudiar al cónyuge, por cualquier otra causa que no sea fornicación, hacen que este último al relacionarse con otra persona, cometa adulterio.
Por eso Jesús dice que solo permite la separación por causa de fornicación, y esto por la dureza de nuestro corazón *(Mt 19:7-9)*. Ahora bien, cuando la palabra nos habla de fornicación, también es importante recordar las palabras de Jesús en *(Mt 5: 27-28)*, donde dice que si un hombre mira a una mujer para codiciarla, ya adulteró con ella en su corazón. Hombres y mujeres tenemos que cuidar nuestros ojos, nuestra mente y las intenciones de nuestro corazón con respecto a cualquier persona que no sea nuestro esposo o esposa, orar y encontrar en nuestra pareja nuestro contentamiento.

En conclusión, Dios no quiere que pasemos por la dolorosa experiencia del divorcio, él quiere que aprendamos a vivir, y resolver nuestras diferencias en amor, no buscando lo nuestro, sino lo del otro. El Señor, su palabra y su Espíritu Santo, siempre brindarán una salida mejor que el divorcio, para los problemas en el matrimonio.
Por eso el primer fundamento en nuestra relación matrimonial, es que el matrimonio es indivisible.

Fundamento 2: Perdón, resultado de haber nacido de nuevo *(Mt 18:23-35)*

Examinemos este pequeño eslabón de versículos que habla de quienes éramos y de quienes somos ahora, por el amor y el perdón de Dios, e inspirémonos a vivir una vida productiva, al reflejo de su

Mateo 19:3-9 (RVR 1960)
3 Entonces vinieron a él los fariseos, tentándole y diciéndole: ¿Es lícito al hombre repudiar a su mujer por cualquier causa?
4 Él, respondiendo, les dijo: ¿No habéis leído que el que los hizo al principio, varón y hembra los hizo,
5 y dijo: Por esto el hombre dejará padre y madre, y se unirá a su mujer, y los dos serán una sola carne?
6 Así que no son ya más dos, sino una sola carne; por tanto, lo que Dios juntó, no lo separe el hombre.
7 Le dijeron: ¿Por qué, pues, mandó Moisés dar carta de divorcio, y repudiarla?
8 Él les dijo: Por la dureza de vuestro corazón Moisés os permitió repudiar a vuestras mujeres; mas al principio no fue así.
9 Y yo os digo que cualquiera que repudia a su mujer, salvo por causa de fornicación, y se casa con otra, adultera; y el que se casa con la repudiada, adultera.

Mateo 5: 27-28
27 Oísteis que fue dicho: No cometerás adulterio.
28 Pero yo os digo que cualquiera que mira a una mujer para codiciarla, ya adulteró con ella en su corazón.

Mateo 18:23-35

23 Por lo cual el reino de los cielos es semejante a un rey que quiso hacer cuentas con sus siervos.

24 Y comenzando a hacer cuentas, le fue presentado uno que le debía diez mil talentos.

25 A éste, como no pudo pagar, ordenó su señor venderle, y a su mujer e hijos, y todo lo que tenía, para que se le pagase la deuda.

26 Entonces aquel siervo, postrado, le suplicaba, diciendo: Señor, ten paciencia conmigo, y yo te lo pagaré todo.

27 El señor de aquel siervo, movido a misericordia, le soltó y le perdonó la deuda.

28 Pero saliendo aquel siervo, halló a uno de sus consiervos, que le debía cien denarios; y asiendo de él, le ahogaba, diciendo: Págame lo que me debes.

29 Entonces su consiervo, postrándose a sus pies, le rogaba diciendo: Ten paciencia conmigo, y yo te lo pagaré todo.

30 Mas él no quiso, sino fue y le echó en la cárcel, hasta que pagase la deuda.

31 Viendo sus consiervos lo que pasaba, se entristecieron mucho, y fueron y refirieron a su señor todo lo que había pasado.

32 Entonces, llamándole su señor, le dijo: Siervo malvado, toda aquella deuda te perdoné, porque me rogaste.

33 ¿No debías tú también tener misericordia de tu consiervo, como yo tuve misericordia de ti?

imagen *(Mt 18:23-35)*. En estos versículos aprendemos que el corazón de una persona que ha recibido el perdón de Dios, es un corazón con <u>disposición a perdonar</u>.

El perdón es un elemento indispensable en el matrimonio, ya que debido a nuestras diferencias de carácter, educación, intereses, emociones y sentimientos, vamos a reaccionar de manera distinta ante las situaciones de la vida, y necesitamos aprender a pedir perdón cuando herimos a nuestro compañero(a) y a perdonar, cuando hemos sido ofendidos. El perdón es un beneficio para el que lo otorga, sin embargo para poder otorgarlo, primero hay que recibirlo de parte de Dios. Tenemos que pedir a Dios arrepentimiento, después tenemos que confesar nuestro pecado y recibir su perdón, para poder perdonar. En la serie «Aprendiendo a Orar», aprendemos cinco razones por las cuales debemos perdonar, estas son:

1. Dios así lo ordena (Ro 12:19)
2. Debemos seguir el ejemplo de Cristo (Col 3:13)
3. Somos deudores (Ro 13:8)
4. Traerá paz a nuestro corazón (Col 3:13-15)
5. Glorifica a Dios (Ro 15:7)

Nota: El perdón no implica poner en riesgo nuestra integridad física o la de nuestros hijos. Podemos perdonar al mismo tiempo que ponemos una distancia con nuestra pareja cuando debido a problemas de alcoholismo, drogadicción o abuso sexual, corremos algún peligro, casos en los cuales es necesario buscar ayuda profesional para la familia.

Fundamento 3: Amor *(1 Co 13:4-6)*

En el pasaje anterior, tanto los fariseos como los discípulos estaban obsesionados como mucha gente de hoy con la idea de: ***«Me casé contigo para que me hagas feliz»***. En lugar de pensar: ***«¿Qué puedo hacer yo, para hacerte feliz a ti?»***. ¿Cómo puedo usar mi matrimonio en beneficio de mi esposa(o), mis hijos, mis semejantes y del reino de Dios?

Recordemos que el amor es un mandamiento, no un sentimiento. En *Juan 13:34-35* Jesús enfatiza que nos amemos como él nos ha amado, es decir, sacrificadamente. Cuando nos casamos, prometemos amar a nuestro cónyuge hasta que la muerte nos separe, no decimos «me amarás hasta que la muerte nos separe». El pacto matrimonial establece que debemos aprender a amarnos hasta el fin, tal y como el Señor lo hizo con sus discípulos, a pesar de nuestros errores, y aun traiciones (Juan 13:1), porque hemos entrado en un pacto, un compromiso delante de Dios.

Las características del amor que Dios quiere que desarrollemos en el matrimonio se encuentran en *1 Corintios 13:4-6*. Donde la palabra de Dios nos dice que el amor es paciente, bondadoso, no es envidioso, ni jactancioso, ni orgulloso, no se comporta con rudeza, no es egoísta, no se enoja fácilmente, no guarda rencor, no se deleita en la maldad sino que se regocija con de la verdad, todo lo disculpa, todo lo cree, todo lo espera, todo lo soporta.

El enemigo quiere que pensemos que la guerra es contra nuestro esposo o esposa, pero la guerra no es contra sangre y carne, sino contra potestades en las regiones celestes, que están tratando de destruir nuestro matrimonio. No caigamos en su juego, estemos alertas y luchemos contra nuestros malos deseos, los malos deseos del cuerpo, la codicia de los ojos y la arrogancia de la vida. El mandamiento de Dios es que nos amemos como Dios nos ha amado *(Juan 13:34-35)*.

Sobre estos tres fundamentos podrás edificar un hogar feliz.

Versículo a memorizar:
«Así que no son ya mas dos, sino una sola carne, por tanto, lo que Dios juntó, no lo separe el hombre». *Mateo 19:6*

Preguntas para discusión:

1. ¿Cuáles son los tres fundamentos sobre los cuales se debe edificar un matrimonio?

_____

2. De acuerdo con Juan 13:34, ¿qué es el amor?

_____

Notas

6 Nuestros hijos: Cómo guiarlos

Génesis 5:21-24
21 Vivió Enoc sesenta y cinco años, y engendró a Matusalén.
22 Y caminó Enoc con Dios, después que engendró a Matusalén, trescientos años, y engendró hijos e hijas.
23 Y fueron todos los días de Enoc trescientos sesenta y cinco años.
24 Caminó, pues, Enoc con Dios, y desapareció, porque le llevó Dios.

Génesis 21:3
3 Y llamó Abraham el nombre de su hijo que le nació, que le dio a luz Sara, Isaac.

Génesis 24:3-4
3 y te juramentaré por Jehová, Dios de los cielos y Dios de la tierra, que no tomarás para mi hijo mujer de las hijas de los cananeos, entre los cuales yo habito;
4 sino que irás a mi tierra y a mi parentela, y tomarás mujer para mi hijo Isaac.

1 Samuel 2: 12, 17, 29
12 Los hijos de Elí eran hombres impíos, y no tenían conocimiento de Jehová.

17 Era, pues, muy grande delante de Jehová el pecado de los jóvenes; porque los hombres menospreciaban las ofrendas de Jehová.

29 ¿Por qué habéis hollado mis sacrificios y mis ofrendas, que yo mandé ofrecer en el tabernáculo; y has honrado a tus hijos más que a mí, engordándoos de lo principal de todas las ofrendas de mi pueblo Israel?

Es de muy alto interés para Dios que aprendamos a cuidar, apreciar y guiar correctamente la herencia que él nos ha confiado. Podemos notar cómo desde el pacto con Abraham, el Señor puso especial atención en bendecir, esto es, capacitar a la familia, a fin de perpetuar de padres a hijos la labor de dar a conocer a la humanidad el amor paternal de aquel único Dios verdadero, que ha trazado con tanto detalle, a lo largo de las edades, el plan de nuestra redención.

Podemos observar cómo, en la vida de Enoc, no es sino hasta que empieza a caminar con Dios, que su vida empieza a dar fruto y multiplicarse. (*Gn 5:21-24*).
A pesar de lo anterior, hubo pocos casos de paternidad entendida y responsable, en el Antiguo Testamento. Un caso de paternidad responsable fue Abraham, quien procuró obedecer a Dios y buscó instruir a su hijo en los caminos de su Dios (*Gn 21:3, Gn 24:3-4*).
Lastimosamente vemos en la palabra cómo predominaron los siguientes casos:

1. Elí (*1 S 2:12,17,29*)
Los hijos del sacerdote Elí no tomaban en cuenta a Señor, no tenían conocimiento de él, y trataban con desprecio las ofrendas de Jehová. Probablemente su padre invirtió poco tiempo y atención en sus hijos y este fue el resultado.

2. Samuel (*1 S 8:1-3*)
Samuel puso a sus hijos por jueces de Israel, pero sus hijos no anduvieron en los caminos del Señor, sino que se dejaron guiar por la avaricia y se dejaron sobornar. Samuel quizo imponer una posición y una responsabilidad a sus hijos para la cual no estaban capacitados.

3. David (*2 S caps. 11 al 18*)
En estos versículos se evidencia el error de David, que en lugar de reprender y castigar a su hijo por haber abusado de una de sus hijas, quiso pasar por alto la ofensa, muy probablemente debido a que su conciencia lo acusaba por lo que había hecho con Betsabé, y no hizo justicia a su hija, lo cual despertó la rabia de su otro hijo y consecuentemente una serie de tragedias en la familia. A pesar de que nos duela debemos castigar y reprender a nuestros hijos cuando las circunstancias lo requieran.

Esta falta de paternidad espiritualmente responsable fue empeorando hasta los días del último profeta del Antiguo Testamento, Malaquías, donde Dios hace su última advertencia a los soberbios y a los que hacen maldad para que se arrepientan y tomen en cuenta a Dios. También hace una hermosa promesa a los que se vuelven a él diciendo: «**Él hará volver el corazón de los padres hacia los hijos, y el corazón de los hijos hacia los padres**». *Malaquías 4:6*

Examinemos ahora algunos principios de la relación de padres e hijos conforme al modelo de Dios:

1. Salmo 127
    a. Edificación: Necesitamos entender que nuestra relaciones y nuestras familias necesitan estar edificadas en una relación viva y permanente con Dios a través de su palabra. (*Dt 6:6-7*).

    b. Preservación: Necesitamos preservar a nuestra familia en oración, buscando al Señor con todo nuestro corazón y guardando su palabra, para no pecar contra él, (*Sal 119:9-11, Ef 6:18*).

    c. Provisión: La provisión para nuestro cuerpo, nuestra mente y nuestro espíritu, viene de su mano, si buscamos que su reino se establezca en nuestras vidas. Dios es el proveedor de todas las cosas; siendo diligentes en poner por obra sus principios, no careceremos de nada de lo que necesitemos para llevar a cabo su propósito.

    d. Dirección: Necesitamos dirigir a nuestros hijos hacia el propósito para el cual fueron creados: Reflejar a Dios (*Is 43:6-7*), dar fruto en el Espíritu (*Gá 5:22*) y multiplicarse en la vida de otras personas (*Mt 13:23*), continuando la labor de dar a conocer su nombre a través de dos elementos:

        • ***Modelo*** (*Juan 5:19*). Jesús nos enseña a través de la relación con su Padre a seguir el modelo establecido por Dios en su palabra.

        • ***Integridad*** (*Juan 5:20*). Nuestras acciones tienen que ser coherentes con nuestras palabras, los padres marcan a los hijos con sus hechos, no con sus palabras.

2. Efesios 6:4
Tenemos que recordar que nuestros hijos están aprendiendo y necesitan que nosotros ejerzamos la autoridad con una combinación de:

    • Paciencia
    • Disciplina: Cuando aplicamos disciplina sin consejo y explicación provocamos a ira a nuestros hijos.

3. Proverbios 22:15, 29:15
Debemos ser valientes y corregirlos aunque a veces sea difícil, ya que la corrección los ayudará a llegar a la meta.

Versículo a memorizar:
«He aquí, herencia de Jehová son los hijos; cosa de estima el fruto del vientre».
Salmos 127:3

---

1 Samuel 8:1-3
1 Aconteció que habiendo Samuel envejecido, puso a sus hijos por jueces sobre Israel.
2 Y el nombre de su hijo primogénito fue Joel, y el nombre del segundo, Abías; y eran jueces en Beerseba.
3 Pero no anduvieron los hijos por los caminos de su padre, antes se volvieron tras la avaricia, dejándose sobornar y pervirtiendo el derecho.

Deuteronomio 6:6-7
6 Y estas palabras que yo te mando hoy, estarán sobre tu corazón;
7 y las repetirás a tus hijos, y hablarás de ellas estando en tu casa, y andando por el camino, y al acostarte, y cuando te levantes.

Salmos 119:9-11
9 ¿Con qué limpiará el joven su camino?
Con guardar tu palabra.
10 Con todo mi corazón te he buscado;
No me dejes desviarme de tus mandamientos.
11 En mi corazón he guardado tus dichos,
Para no pecar contra ti.

Juan 5:19-20
19 Respondió entonces Jesús, y les dijo: De cierto, de cierto os digo: No puede el Hijo hacer nada por sí mismo, sino lo que ve hacer al Padre; porque todo lo que el Padre hace, también lo hace el Hijo igualmente.
20 Porque el Padre ama al Hijo, y le muestra todas las cosas que él hace; y mayores obras que estas le mostrará, de modo que vosotros os maravilléis

Notas

Nuestros padres: Cómo honrarlos

7

Un privilegio que el Señor que nos da a los hijos, es el de dar honra a nuestros padres. En las diferentes etapas de nuestra vida, podemos expresar esta honra de distintas maneras. Cuando somos menores de edad, y aún vivimos bajo la tutela de nuestros padres, Dios nos exhorta a obedecerlos y cuando somos mayores nuestro compromiso es agradecimiento, afecto y sostenimiento económico.

Estudiemos estos principios en la palabra de Dios:

«Hijos, obedezcan a sus padres en todo, porque esto agrada al Señor». *Col 3:20*

Efesios 6:1-3

a. Obediencia en el Señor
«Hijos, obedezcan en el Señor a sus padres, porque esto es justo».
Es parte del sano desarrollo como hijos, aprender a obedecer a nuestros padres, ya que esto nos mantiene protegidos. La única limitación al respecto de la obediencia, es cuando los padres les piden a los hijos hacer algo indebido o ilícito, como robar, mentir, usar algún tipo de droga o participar en alguna situación de perversión sexual.

b. Honra incondicional
«Honra a tu padre y a tu madre, que es el primer mandamiento con promesa».
La honra implica agradecimiento verbal y afectivo, así como atención y apoyo económico a nuestros padres, especialmente cuando son mayores. Este tipo de honra, no depende de si cumplieron su función de una manera apropiada o no, sino de nuestro compromiso con el Señor.

c. Recompensa
«Para que te vaya bien, y disfrutes de una larga vida en la tierra».
La honra afectiva y económica a nuestros padres, trae como beneficio, bienestar en todas las áreas y larga vida sobre la tierra.

Efesios 6:1-3
1 Hijos, obedeced en el Señor a vuestros padres, porque esto es justo. **2** Honra a tu padre y a tu madre, que es el primer mandamiento con promesa; **3** para que te vaya bien, y seas de larga vida sobre la tierra.

Versículo a memorizar:
«Hijos, obedeced en el Señor a vuestros padres, porque esto es justo». *Efesios 6:1*

Preguntas para discusión:

1. ¿Cuáles son los beneficios dados por Dios cuando honramos a nuestros padres?

_____
_____
_____

2. ¿Cuáles son los aspectos que implica la frase: «Honra a nuestros padres»?

_____
_____
_____

Notas

Nos agradaría recibir noticias suyas.
Por favor, envíe sus comentarios sobre este libro
a la dirección que aparece a continuación.
Muchas gracias.

7500 NW 25th Street, Suite 239
Miami, Florida 33122

Vida@zondervan.com
www.editorialvida.com